Cantate Domino
50 geistliche Kanons

Herausgegeben von / Edited by
Wilhelm Lüttich

ED 20586
ISMN 979-0-001-15805-3
ISBN 978-3-7957-5928-5

Mainz · London · Berlin · Madrid · New York · Paris · Prague · Tokyo · Toronto
© 2009 SCHOTT MUSIC GmbH & Co. KG, Mainz · Printed in Germany

ED 20586

ISMN 979-0-001-15805-3
ISBN 978-3-7957-5928-5

Cover: Johannes Ockeghem und seine Sänger
aus einem alten Chorbuch
Bibliotheque Nationale, Paris

Printed in Germany · BSS 53285

Inhalt

Vorwort

Singen macht Spaß! Und überall wird gesungen, in geselliger Runde und im Konzert, im Verein und im Kirchenchor, im Kindergarten und im Seniorenheim. Das Singen von Kanons macht besonders viel Spaß, lassen sich doch mit nur wenig Übung aus den oft einfachen Elementen, die für alle Beteiligten gleich sind und die alle gemeinsam lernen können, nur durch eine bestimmte zeitliche Verschiebung beeindruckende mehrstimmige Werke aufbauen.

In diesem Heft sind die beliebtesten Kanons zu den häufigsten Anlässen zum gemeinsamen Singen zusammengetragen. Ältere Epochen sind ebenso repräsentiert wie neuere und neueste Werke, ganz einfache Modelle finden sich neben wenigen komplizierteren Beispielen. Jede Gruppe findet hier etwas, was zu den meisten Anlässen mit geringem Aufwand vorbereitet werden kann und zu einem klangvollen Ergebnis und Erlebnis führt.

Zur Ausführung der Kanons

Die Mehrzahl der Kanons ist partiturähnlich notiert. Das zunächst gelegentlich ungewohnt erscheinende Stichbild erleichtert allerdings deutlich die Übersicht über den Zusammenhang der gleichzeitig klingenden Stimmen.

In den Noten sind die Einsätze durch Ordnungszahlen angegeben. Schlüsse sind durch Fermaten bezeichnet. Kleine Noten bestimmen in Einzelfällen die genaue Dauer oder veränderte Tonhöhe der Schlussnote. Man sollte darauf achten, dass die tiefste Stimme deutlich in den Grundton des Schlussakkordes kadenziert. Stehen Zahlen unter den Fermatenbogen, ist für die so bezeichneten Stimmen der Schluss an dieser Stelle vorgeschrieben. In Einzelfällen ist der Schluss in der Form vorgesehen, dass jede Stimme an der durch ihre Zahl in einem Kasten gekennzeichneten Stelle in die ihr dadurch zugewiesene Zeile der Coda springt.

Grundsätzlich können die Kanons beliebig oft wiederholt werden. Es ist jedoch empfehlenswert, nur so lange zu wiederholen, bis die zuletzt einsetzende Stimme den Kanon einmal vollständig durchgesungen hat.

Alle Kanons können in beliebiger Besetzung, solistisch oder chorisch, vokal oder instrumental – auch gemischt –, ausgeführt werden. Die Tonart kann je nach den Gegebenheiten transponiert werden.

Cantate Domino!

Wilhelm Lüttich

Cantate Domino

Alleluia

3 Stimmen

William Boyce

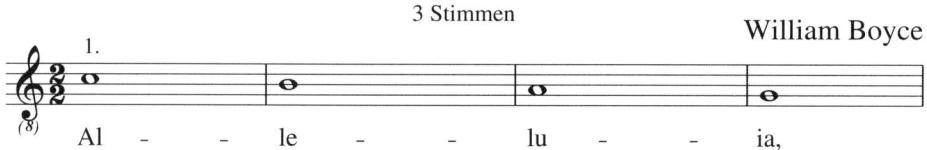

Al - le - lu - ia,

al - le - lu - - - - ia.

Al - le - lu - ia, al - le - lu - ia, al - le - lu - ia, al -

- le - lu - ia, al - le - lu - ia.

Al - le - lu - ia, al - le - lu - ia, al -

-le - lu - ia, al - le - lu - ia.

© 2009 Schott Music GmbH & Co. KG, Mainz

Alleluia

4 Stimmen

Philip Hayes

1. Al - le - lu - ia, al -
- le - lu - ia, al - le - lu - ia!

2. Al - le - lu - ia, al -
- le - lu - ia, al - le - lu - ia!

3. Al - le - lu - ia, al - le - lu - ia, al -
- le - lu - ia,___ al - le - lu - ia!

4. Al - le - lu - ia, al - le - lu - ia, al -
- le - lu - ia, al - le - lu - ia!

Alleluia

4 Stimmen

Philip Hayes

Alleluia

4 Stimmen

Wolfgang Amadeus Mozart
(KV 553)

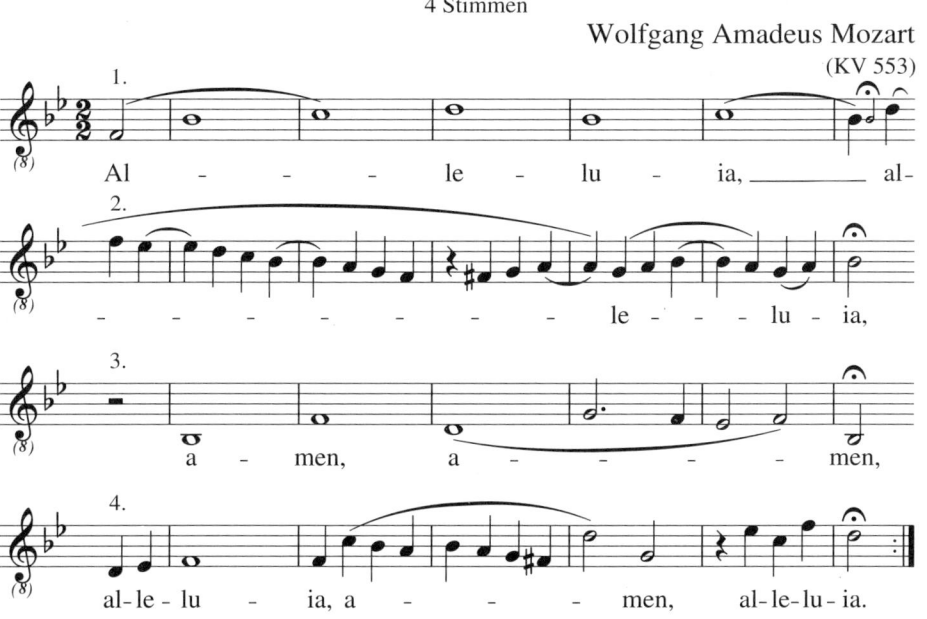

Al - - - le - lu - ia, _____ al-
- - - - - - - le - - lu - ia,
a - men, a - - - - men,
al-le-lu - ia, a - - - men, al-le-lu - ia.

Alleluia

3 Stimmen

Franz Schubert
(D 71 A)

Al - le - lu - ia,
al - le - lu - ia, al - - le - lu - ia,
al - le - lu - ia, al - le - lu - ia.

Alles, was Odem hat, lobe den Herrn

(Psalm 150, 6)

3 Stimmen

Friedrich Silcher

Allegro maestoso

An den Wassern von Babylon
(Psalm 137, 1)

3 Stimmen

nach Philip Hayes
mündlich überliefert

An den Was-sern von Ba-by-lon, an den Was - sern von Ba-by-lon

saßen wir und wein-ten, und wein-ten um Zi - on,

sehn- ten uns nach dir, o Herr, nach dir, o Herr, und Zi - on.

Ave Maria
(Lukas 1, 28)

4 Stimmen

Adam Gumpelzhaimer

- cum.

A - ve Ma - ri - - - - - - - -

- a gra - ti - o - - - - - -

- sa, gra - ti - o - - - - - - -

- sa, Do - mi-nus te - - - - - - - cum.
te - - - - - -

Übersetzung: Sei gegrüßt, gnadenreiche Maria! Der Herr sei mit dir.

Ave Maria

(Lukas 1, 28)

4 Stimmen

Wolfgang Amadeus Mozart

(KV 554)

Übersetzung: Sei gegrüßt, Maria!

Cantate Domino

(Psalm 98, 1)

4 Stimmen

Adam Gumpelzhaimer

Übersetzung: Singt dem Herrn ein neues Lied!

Cantate Domino

(Psalm 98, 1)

3 Stimmen mit Ostinato

Paul Ernst Ruppel
nach Dietrich Buxtehude

- no! Can-tate Do-mi-no, can-ta - - - - - - - - - -

- te, can-ta - - - - - - - - - - te,

- - -te!

can-ta-te Do-mi-no, can-ta-te, cantate Do-mi-no, can - ta-te Do-mi-

Ostinato *ad lib.*

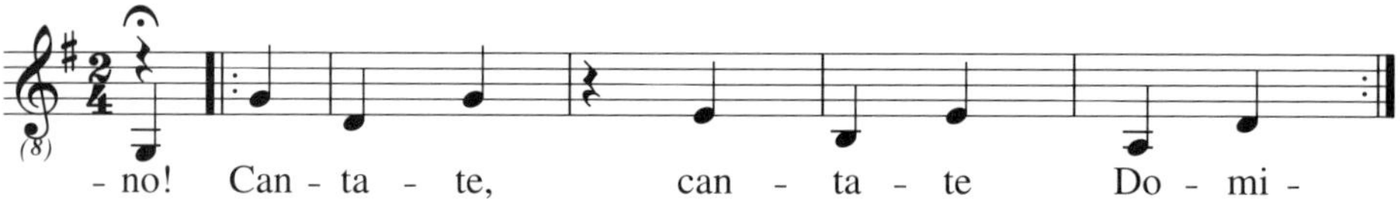

- no! Can - ta - te, can - ta - te Do - mi -

Übersetzung: Singt dem Herrn!

Da pacem, Domine

(altkirchlich)

4 Stimmen

Melchior Franck

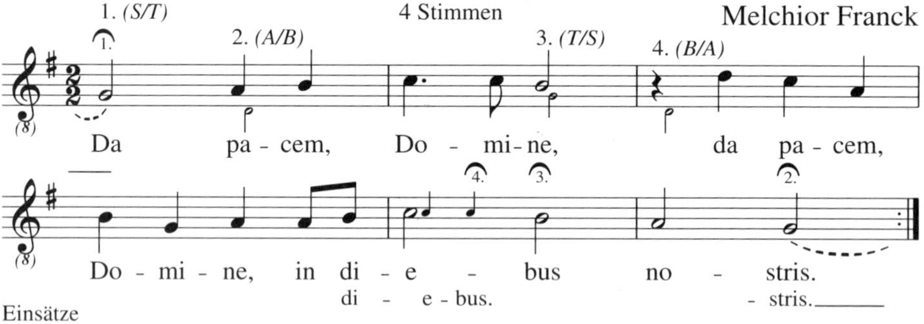

1. (S/T) 2. (A/B) 3. (T/S) 4. (B/A)

Da pa - cem, Do - mi - ne, da pa - cem,

Do - mi - ne, in di - e - bus no - stris.

di - e - bus.

- stris.

Einsätze

1.   2.   3.   4.

Übersetzung: Verleih uns Frieden, Herr Gott, in unseren Tagen!

Danket dem Herrn

(Psalm 106, 1)

4 Stimmen

unbekannter Komponist

Dan-ket, dan - - ket_ dem Herrn, denn er ist sehr freund - lich,

sei - ne Güt' und Wahr - - heit wäh - ren_ e - wig - lich.

Der Herr ist auferstanden

(nach Lukas 24, 34)

3 Stimmen

Paul Ernst Ruppel

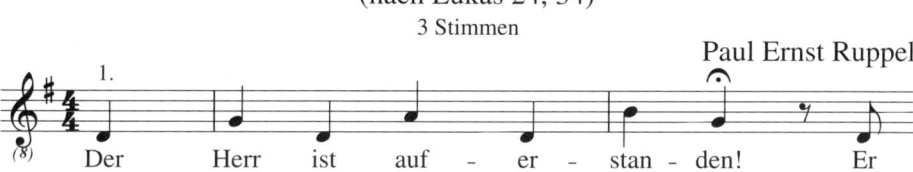

Der Herr ist auf - er - stan - den! Er

ist wahr - haf - tig auf - er - stan - den!

Hal - le - lu - ja, Hal - le - lu - ja!

Domine Deus

(Psalm 87, 2)

4 Stimmen

Michael Haydn

1. Do - mi - ne De - us sa - lu - tis me - ae, in
di - e cla - ma - vi et noc - te co - ram te: ___

2. in - tret, in - tret o - ra - ti - o me - a
in con - spe - ctu tu - o, ___ Do - mi - ne.

3. De - us, ___ De - us sa - lu - tis me - ae, ___
Do - mi - ne, ___ Do - mi - ne cla - ma - vi co - ram te: ___

4. in di - e et no - cte cla - ma - vi ___ co - ram te, cla -
- ma - vi, cla - ma - vi ___ co - ram te, Do - mi - ne.

Übersetzung: Herr Gott meines Heils, am Tag und in der Nacht rief ich zu dir:
Nimm mein Gebet an!

Dona nobis pacem

3 Stimmen

mündlich überliefert

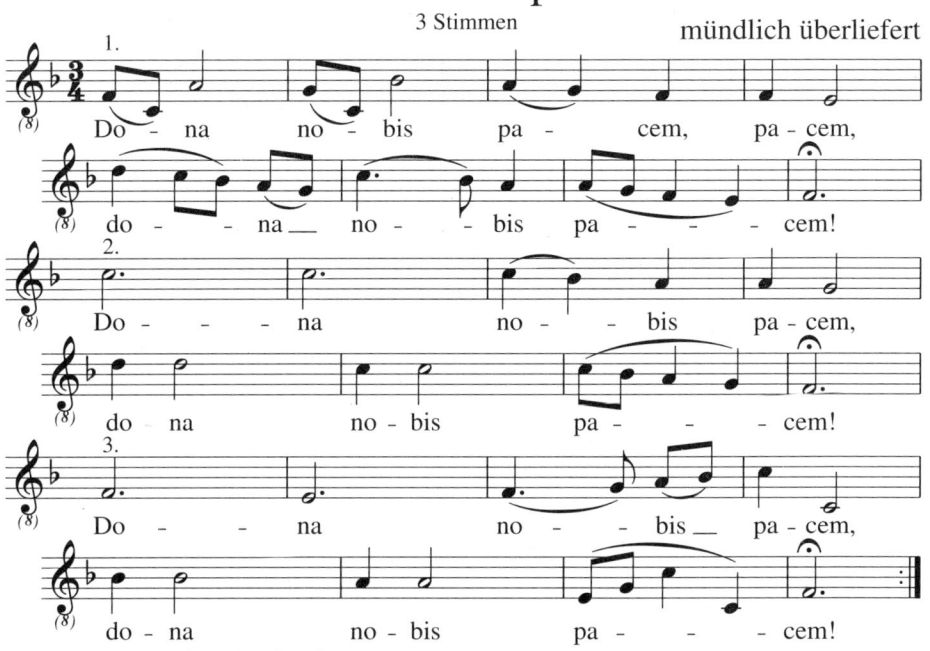

Do - na no - bis pa - cem, pa - cem,
do - na no - bis pa - cem!

Do - na no - bis pa - cem,
do - na no - bis pa - cem!

Do - na no - bis pa - cem,
do - na no - bis pa - cem!

Eia, von guter Art

3 Stimmen

Walter Kolneder

Ei - a, ei - a, von gu - ter Art ein
Kin - de - lein ist nun ge - bo - ren wor - den.
Freu - et euch! Freu - et euch! Freu - et euch! Freu - et euch!
Freu - et euch des Kin - de - leins!
ei - a.

Gloria
(Lukas 2, 14)
4 Stimmen

Ludwig Ernst Gebhardi

1. Eh - re sei Gott in der Hö - - he!

2. Frie - de auf Er - den, auf Er - - den und den

3. Men - schen ein Wohl - ge - fal - - len. A -

4. - - - - - men. A - - - men.

Gott, mein Herz ist bereit
(Psalm 57, 8)
3 Stimmen

Daniel Friderici

1. Gott, mein Herz ist be - reit, Gott, mein Herz ist be - reit, dass
ich _____ lob - sin - - - - ge.

2. Gott, mein Herz ist be - reit, _____ dass ich lob - sin - ge, _____ lob -
- sin - - - - - - - ge, dass ich lob - sin -

3. - ge, _____ lob - sin - - - ge, dass ich, dass ich _____ lob -
sin - - - - - - ge, dass ich lob - sin - ge.

Halleluja

4 Stimmen

Heinrich Poos

1. Hal - le - lu - ja, hal - le - lu - ja, hal - le - lu - ja, hal - le - lu - ja.

2. Hal-le - lu-ja, hal-le - lu - ja, hal-le-lu-ja, hal-le - lu - ja. hal-le - lu-ja, hal-le - lu - ja, hal - le-lu-ja, hal-le - lu - ja.

3. Hal - le - lu - ja, hal - le - lu - ja, hal-le-lu - - - ja, hal - le - lu-ja.

4. Hal - - le - lu-ja, hal - - le - lu-ja, hal - le - lu - ja, hal-le-lu-ja, hal - le - lu-ja.

Halleluja

4 Stimmen

Harald Feller

Hal - le - lu - ja, hal - le - lu - ja,
hal - le - lu - ja, hal - le - lu - ja!

Halleluja

2 Stimmen

mündlich überliefert

Hal - le - lu - ja, hal - le - lu - ja,
a - - - men, a - - - men.

Halleluja, fröhlich singet

3 Stimmen

Karl Haus

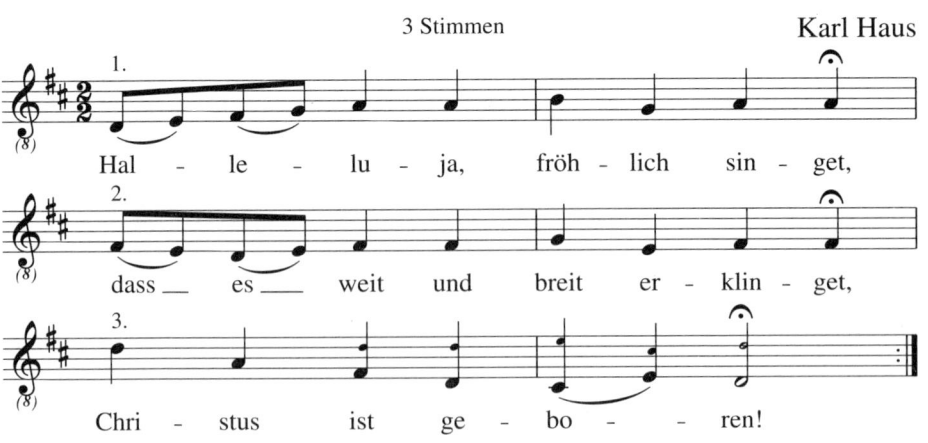

Hal - le - lu - ja, fröh - lich sin - get,
dass __ es __ weit und breit er - klin - get,
Chri - stus ist ge - bo - - ren!

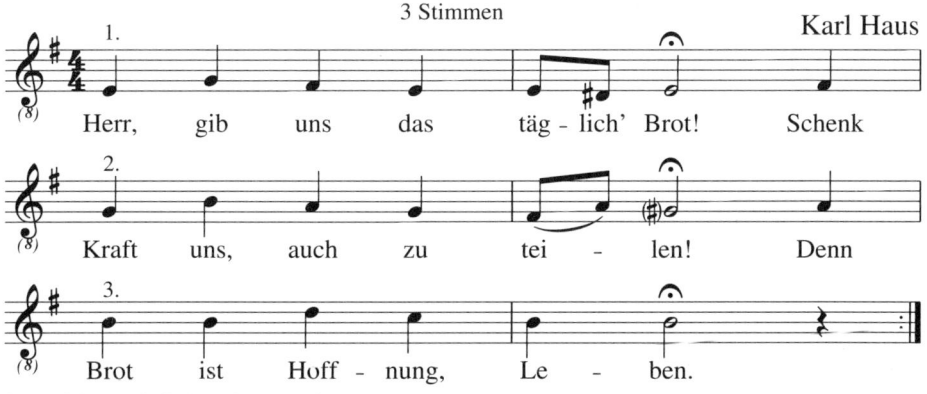

Herr, gib uns das täglich' Brot

3 Stimmen

Karl Haus

1.
Herr, gib uns das täg - lich' Brot! Schenk
2.
Kraft uns, auch zu tei - len! Denn
3.
Brot ist Hoff - nung, Le - ben.

Ich will den Herrn loben

(Psalm 34, 2)

3 Stimmen

Georg Philipp Telemann

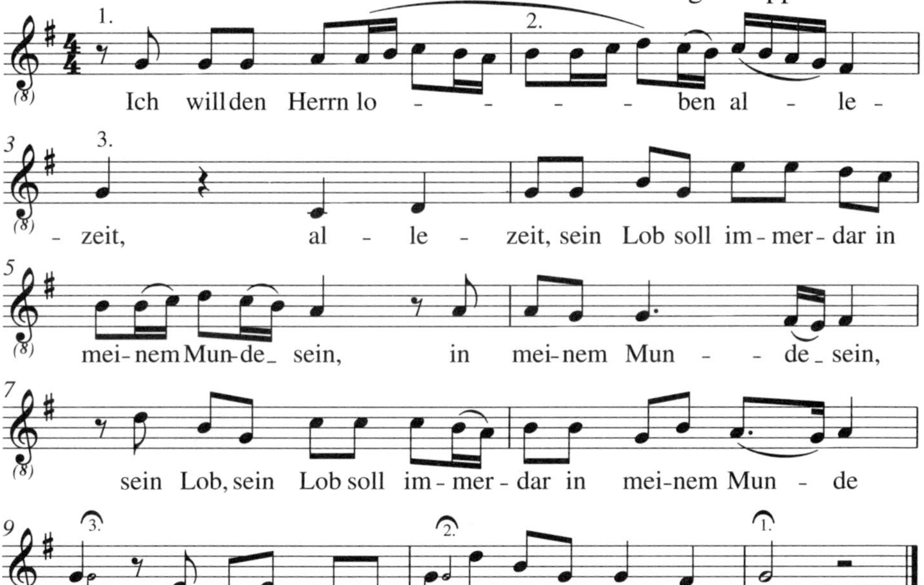
1.
Ich will den Herrn lo - - - - ben al - le -
2.
3
3.
- zeit, al - le - zeit, sein Lob soll im - mer - dar in
5
mei - nem Mun - de sein, in mei - nem Mun - - de sein,
7
sein Lob, sein Lob soll im - mer - dar in mei - nem Mun - de
9
3.
2.
1.
sein, in mei - nem Mun - de sein, in mei - nem Mun - de sein.

Jubilate Deo

(Psalm 100, 1)

6 Stimmen

Michael Praetorius

1. 2.
Ju - bi - la - - te, ju - - bi -
De - o.
3. 4.
- la - te De - o om - nis ter - -
De - - - o
5. 6.
- ra. A - - men.

Übersetzung: Jauchzet Gott, alle Lande!

Jubilate

(Psalm 100, 1 - 2)

5 Stimmen

Michael Praetorius

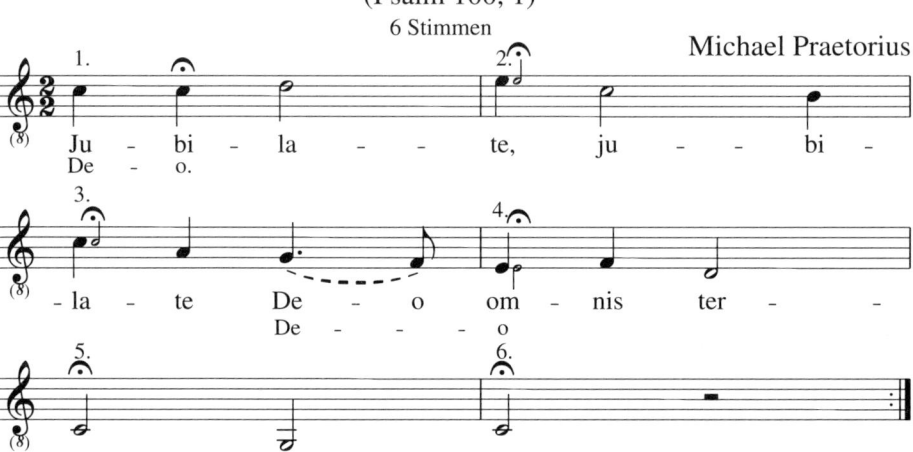

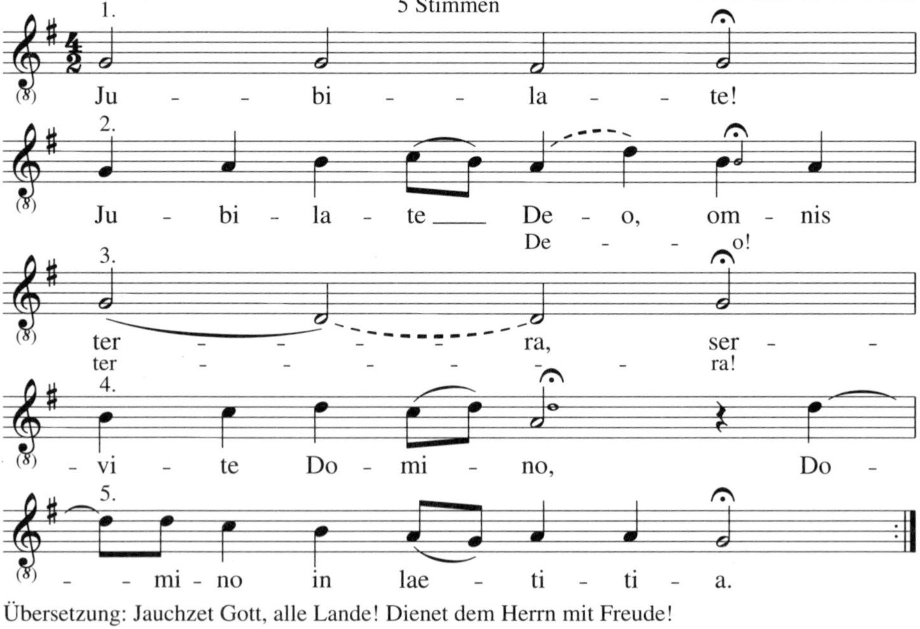
1.
Ju - - bi - - la - - te!
2.
Ju - bi - la - te De - o, om - nis
De - - o!
3.
ter - - - - ra, ser - -
ter - - - - - - ra!
4.
- vi - te Do - mi - no, Do -
5.
- - mi - no in lae - ti - ti - a.

Übersetzung: Jauchzet Gott, alle Lande! Dienet dem Herrn mit Freude!

Jubilate Deo

(Psalm 100, 1 - 2)

5 Stimmen

Adam Gumpelzhaimer

Ju - bi - la - te De - - o, om - nis ter - - -

- ra, ser - vi - te Do - mi - no, ser - vi - te Do - - mi -

Do - mi - no in lae - ti - ti - a.
- no. lae - ti - ti - a. ___

Übersetzung: Jauchzet Gott, alle Lande! Dienet dem Herrn mit Freude!

Komm nun, weihnachtlicher Geist

2 Stimmen mit Ostinato

Jens Rohwer

Komm nun, weih-nacht - li - cher Geist, in un - ser Haus! ___

___ Komm ___ nun,

weih-nacht - li - cher Geist, in un - ser Haus! ___

Ostinato

Komm ___ in un - ser Haus! ___

Ausführung: Kanon zunächst einstimmig, mit dem Schlusston Einsatz des Ostinato, in dessen
Schlußton dann Einsatz des zweistimmigen Kanons

Kyrie eleison

5 Stimmen

Wolfgang Amadeus Mozart
(KV 73 k)

26

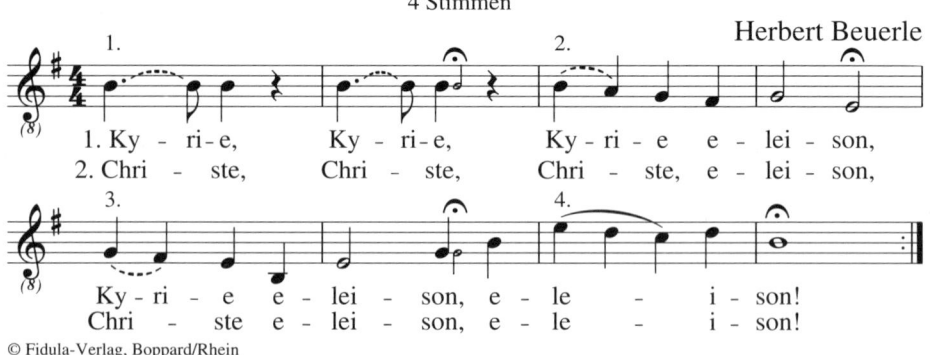

Kyrie eleison

4 Stimmen

Herbert Beuerle

1. Ky - ri - e,   Ky - ri - e,   Ky - ri - e e - lei - son,
2. Chri - ste,   Chri - ste,   Chri - ste, e - lei - son,

Ky - ri - e e - lei - son, e - le - i - son!
Chri - ste e - lei - son, e - le - i - son!

© Fidula-Verlag, Boppard/Rhein

aus: KANONMESSE

Lasst uns miteinander

4 Stimmen

mündlich überliefert

1. Lasst uns mit-ein-an-der, lasst uns mit-ein-an-der sin-gen, lo-ben, dan-ken dem Herrn.

2. Lasst uns dies ge-mein---sam tun: sin-gen, lo-ben, dan-ken dem Herrn,

3. sin-gen, lo-ben, dan-ken dem Herrn, sin-gen, lo-ben, dan-ken dem Herrn,

4. sin-gen, lo-ben, dan-ken dem Herrn, sin-gen, lo-ben, dan-ken dem Herrn.

Laudate Deum

(Psalm 117, 1)

3 Stimmen

Henry Purcell

Lau - da - te De - um om - nes gen - tes, om - nes

gen - - tes, lau - da - te De - um om - nes

gen - - tes. Lau - da - te

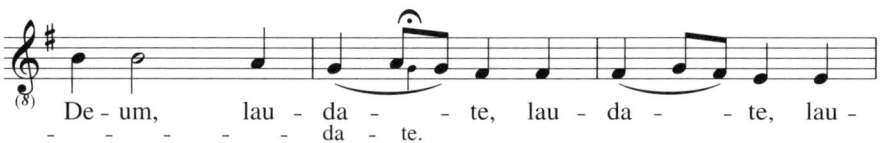

De - um, lau - da - te, lau - da - te, lau -
- - - - da - te.

- da - te, lau - da - te De - um om - nes

po - - pu - li.

Übersetzung: Lobt den Herrn, alle Heiden! Lobt Gott, alle Völker!

© 2009 Schott Music GmbH & Co. KG, Mainz

Laudate nomen Domini

(Pslam 135,1-2)

6 Stimmen

Thomas Ravenscroft

1. Lau - - - da - te no - men
2. Do - - mi - ni, lau - da - te
3. ser - - - - vi Do - mi -
4. num qui _____ sta - - -
5. - tis in do - mo
6. Do - mi - - ni.

Übersetzung: Lobt den Namen des Herrn, lobet, ihr Knechte des
Herrn, die ihr im Hause des Herrn steht.

Lobe den Herrn, meine Seele

(Psalm 103, 2)

3 Stimmen

Richard Rudolf Klein

1. Lo - be den Herrn, mei - ne See - le, und ver- giss nicht, und ver- giss nicht, was er dir Gu - tes ge - tan hat!

2. Lo - be den Herrn, mei - ne See - le, und ver- giss nicht, und ver- giss nicht, was er dir Gu - tes ge - tan hat! Lo - be den Herrn! Lo - be den Herrn! Lo -

3. - be den Herrn! Lo - - be den Herrn! Lo - - be den Herrn, mei - ne See - le!

Lobet den Herrn, alle Heiden

(Psalm 117, 1)

4 Stimmen

Richard Rudolf Klein

Lobet und preiset

(nach Psalm 100, 1 - 2)

3 Stimmen

mündlich überliefert

Nun sei uns willkommen
(Alter Weihnachtsruf)
4 Stimmen

Walter Rein

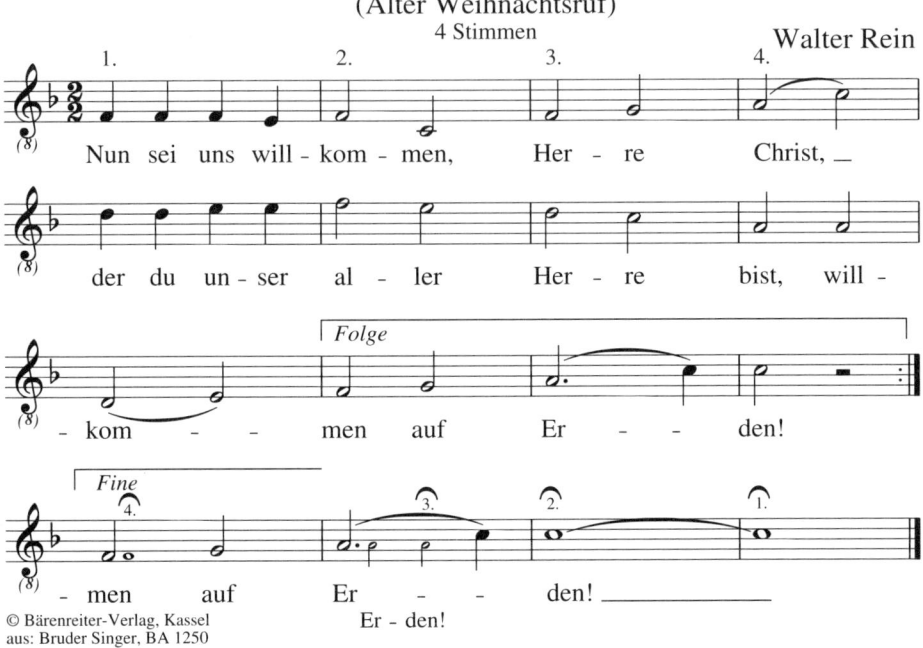

Nun sei uns will-kom-men, Her - re Christ, _
der du un-ser al - ler Her - re bist, will -
Folge - kom - - men auf Er - - den!
Fine - men auf Er - - den!
Er - den!

© Bärenreiter-Verlag, Kassel
aus: Bruder Singer, BA 1250

Preis und Lob und Ehre
4 Stimmen

Ludwig Ernst Gebhardi

Preis und Lob und Eh - re brin - gen wir dem
Schöp - fer al - ler _ Wel - ten! A - men, A - men.

Coda 1. - 4.

A - men, A - - men.

Psallite Deo nostro

(Psalm 146, 7)

3 Stimmen

Giovanni Battista Martini

1. Psal - li - te De - o nos - - tro,

2. psal - - - - - - - li - te,

3. psal - - - li - te!

Übersetzung: Singt unserem Gott Psalmen!

© 2009 Schott Music GmbH & Co. KG, Mainz

Rock my soul

(Spiritual)

3 Stimmen

mündlich überliefert

1. Rock my soul in the bo-som of A - bra-ham, rock my soul in the
bo-som of A - bra-ham, rock my soul in the bo-som of A - bra-ham,
oh rock my soul.

2. So high I can't get o - ver it, so low I can't get o - ver it,
so wide I can't get round of it, got - ta com-in' at the door.

3. Rock my soul, rock my soul,
rock my soul, oh rock my soul.

© 2009 Schott Music GmbH & Co. KG, Mainz

Rorate, caeli
(Jesaja 45, 8)

4 Stimmen

Franz Willms

1. Ro - - ra - - te, cae - li, ___ de - su - per, et
2. nu - bes ___ plu - - ant ___ iu - - stum:
3. a - pe - ri - a - - tur ter - ra, et
4. ger - mi - net ___ Sal - - va - - to - - rem. ___

Übersetzung: Tauet, ihr Himmel, von oben herab, und Wolken sollen dem Gerechten regnen!
Die Erde öffne sich und bringe den Heiland hervor!

© 2009 Schott Music GmbH & Co. KG, Mainz

Sanctus

4 Stimmen

mündlich überliefert

1. Sanc - - tus, Sanc - - tus, Sanc - - tus,
   Sanc - tus.
2. Sanc - - tus, Sanc - - tus, Sanc - - tus. Ho -
   Sanc - tus.
3. - san - na, ho - san - - na, ho - san - na, ho - san - - na, ho -
4. - san - na, ho - san - - na.

© 2009 Schott Music GmbH & Co. KG, Mainz

Sanctus

3 Stimmen

Franz Schubert

(D 56)

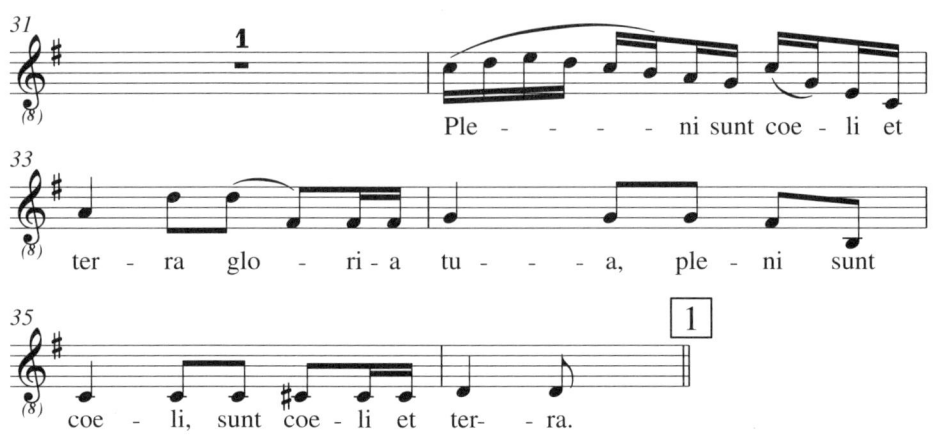

31

Ple - - - - ni sunt coe - li et

33

ter - ra glo - ri-a tu - - - a, ple - ni sunt

35

coe - li, sunt coe - li et ter- - ra.

Coda

1

O - san - na in ex - cel - sis De - o! O -

2

O - san - na in ex-cel-sis, in ex - cel - sis, o - san - na, o-

3

O - san - na in ex - cel - sis De - o! O -

-san - na in ex - cel - sis De - - o!

-san - na in ex - cel - sis De - - o!

-san - na in ex - cel - sis De - - o!

Selig, die das Wort Gottes glauben

(nach Lukas 11, 28)

3 Stimmen

Harald Feller

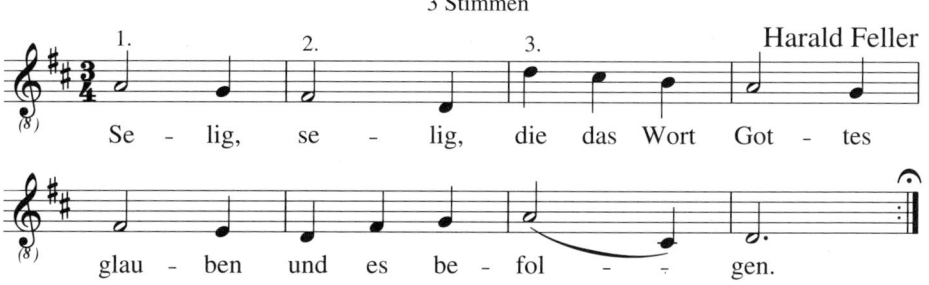

Se - lig, se - lig, die das Wort Got - tes glau - ben und es be - fol - - gen.

Sende dein Licht

(Psalm 43, 3)

3 Stimmen

unbekannter Komponist

Sen - de dein Licht und dei - ne Wahr - heit,

dass sie mich lei - ten zu dei - ner Klar - heit

und ich dir dan - ke, dass du mir hilfst!

Singet dem Herrn ein neues Lied

(Psalm 98, 1)

3 Stimmen

mündlich überliefert

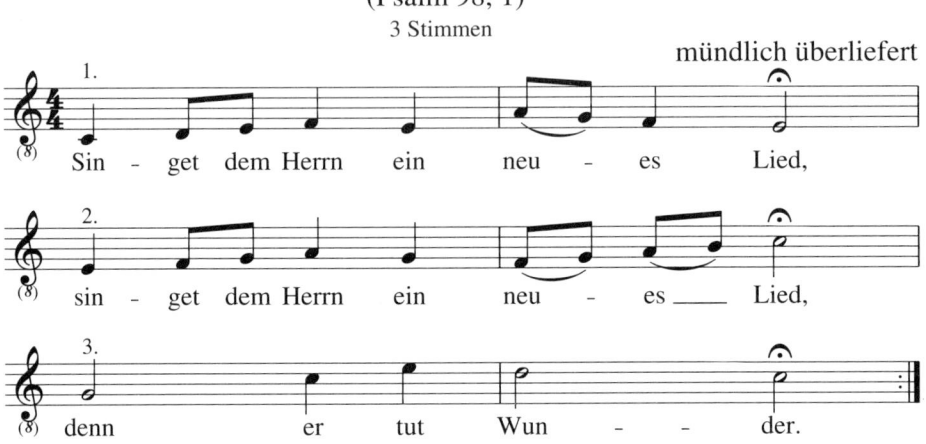

Sin - get dem Herrn ein neu - es Lied,

sin - get dem Herrn ein neu - es ___ Lied,

denn er tut Wun - - der.

Surrexit Christus

(altkirchlich)

3 Stimmen

Erasmus Sartorius

Sur - re - xit Chri - stus ho - di -

- e. Al - le - lu - ia, al - le - - - lu -

- ia, al - le - lu - ia, al - le - lu - ia!

Übersetzung: Christus ist heute auferstanden. Halleluja!

Ubi sunt gaudia

(Fritz Jöde)

6 Stimmen

Philip Hayes

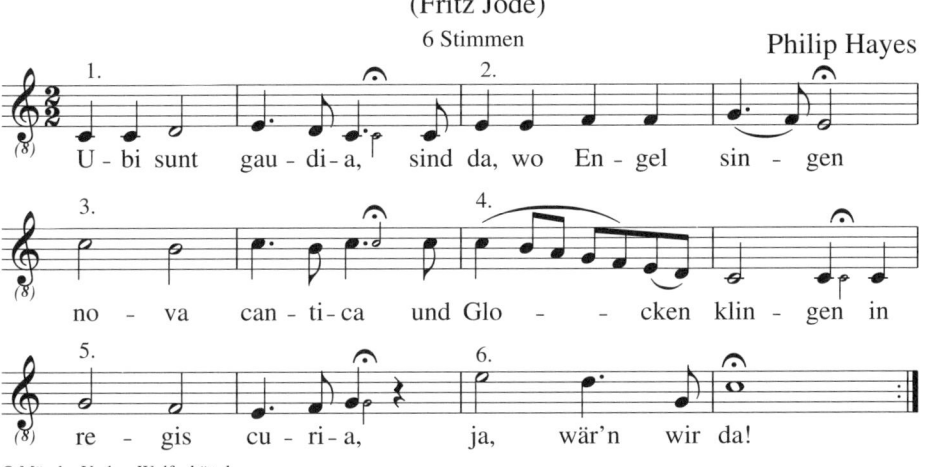

U - bi sunt gau - di - a, sind da, wo En - gel sin - gen
no - va can - ti - ca und Glo - cken klin - gen in
re - gis cu - ri - a, ja, wär'n wir da!

Vom Aufgang der Sonne

(Psalm 113, 3)

4 Stimmen

Paul Ernst Ruppel

Vom Auf - gang der Son - ne _____
_____ bis zu ih - rem Nie - der - gang
sei ge - lo - bet der Na - me des Herrn,
sei ge - lo - bet der Na - me des Herrn.

Schott Music, Mainz 53 285